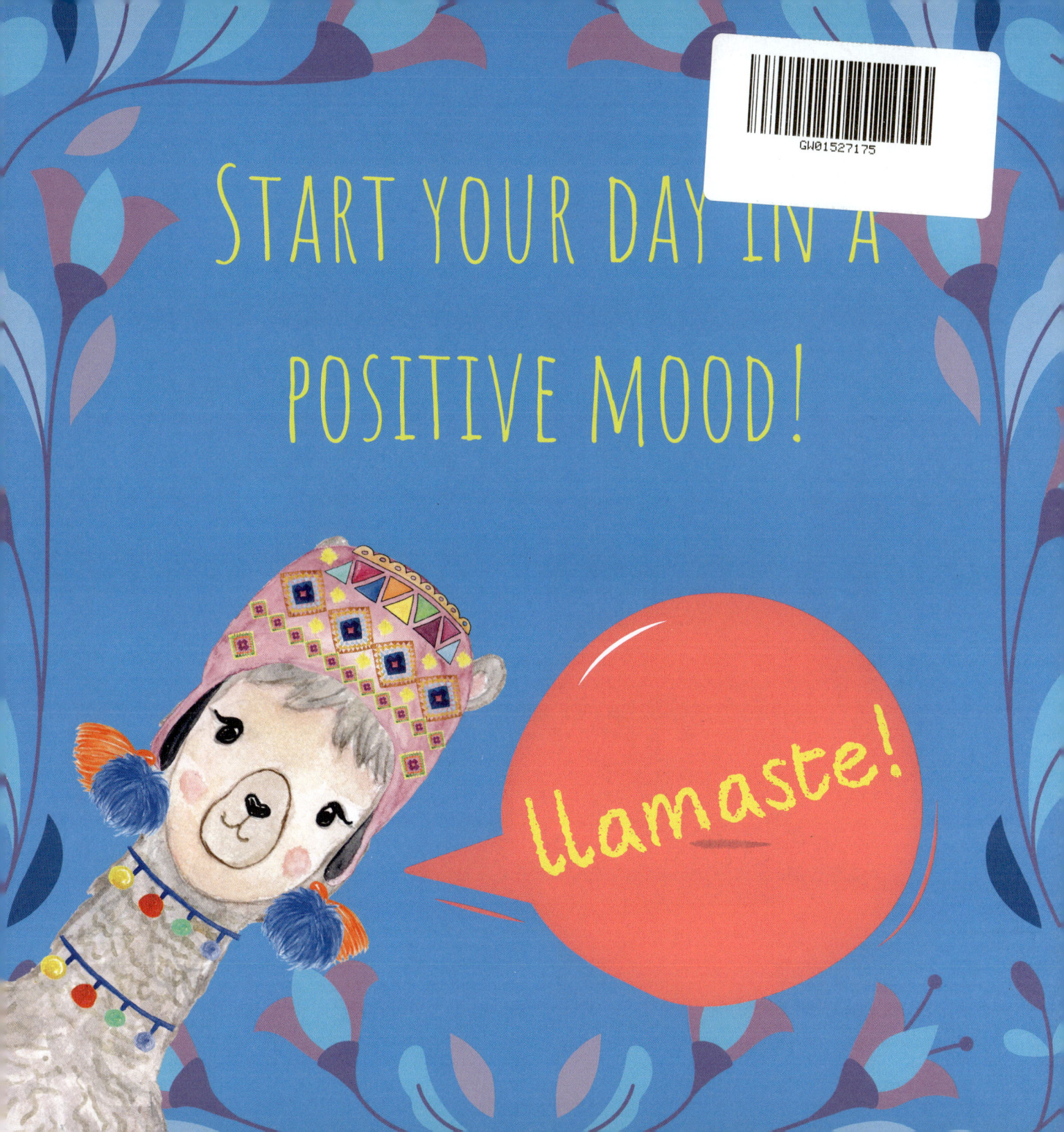

I am an
AMAZING
person

I am **PERFECT** just the way I am

My mistakes help me learn and grow!

I am
STRONG

I can get through ANYTHING!

I am
LOVED

I deserve to be loved!

I am
SMART

I have COURAGE and CONFIDENCE!

I am POWERFUL

today i choose to **think positive!**

I am
BLESSED

I HAVE EVERYTHING I NEED RIGHT NOW!

EVERYTHING will be okay!

I am PROUD of myself

I am
GENEROUS

Today

I will spread

positivity!

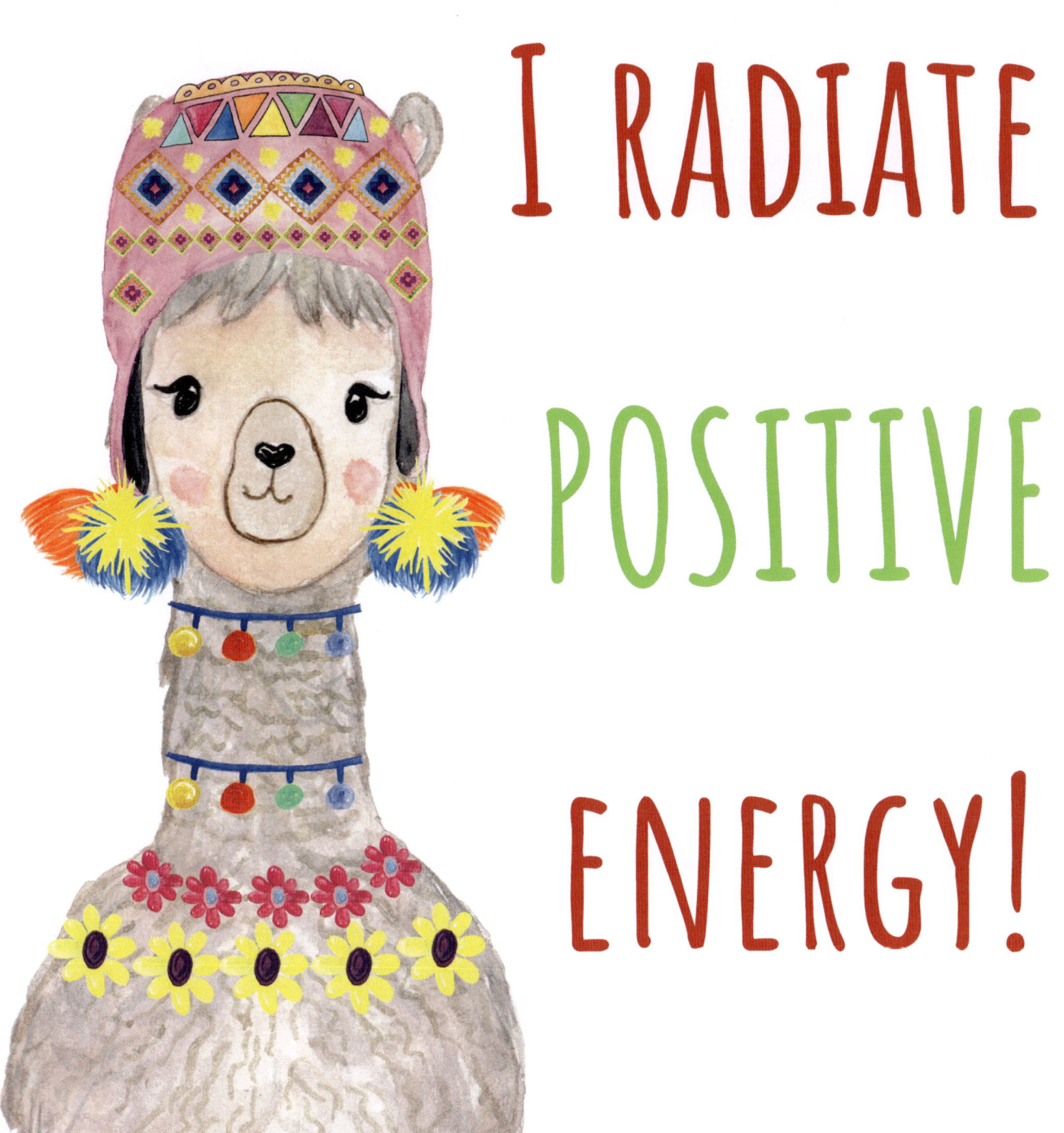

I am
WEALTHY

I have EVERYTHING
I need right now!

I am
FEARLESS

I believe in my *goals* and *dreams!*

I am
ENOUGH

Printed in Great Britain
by Amazon